Imprimeries réunies, A rue Mignon, 2, Paris

Palizzi (Giuseppe) 1888 - Avril - 4

VENTE APRÈS DÉCÈS

ATELIER

PALIZZI

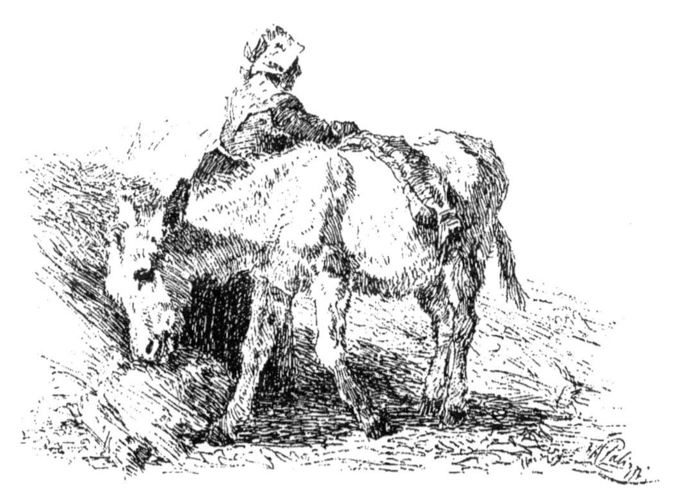

Me ESCRIBE
COMMISSAIRE-PRISEUR
rue de Hanovre, 6

MM. HARO Frères
PEINTRES-EXPERTS
rue Visconti, 14, et rue Bonaparte, 20

1888

VENTE APRÈS DÉCÈS

CATALOGUE

DES

ŒUVRES DE PALIZZI

TABLEAUX, AQUARELLES, DESSINS

ET

TABLEAUX DE DIFFÉRENTS MAITRES

MEUBLES ANCIENS ET MODERNES

OBJETS D'ART

DONT LA VENTE AURA LIEU

HOTEL DROUOT, SALLE N° 1

Les 4, 5, 6 et 7 Avril 1888

A DEUX HEURES ET DEMIE

EXPOSITION PUBLIQUE LE MARDI 3 AVRIL 1888

DE UNE HEURE ET DEMIE A CINQ HEURES ET DEMIE

Me ESCRIBE
COMMISSAIRE-PRISEUR
rue de Hanovre 6,

MM. HARO Frères
PEINTRES-EXPERTS
rue Visconti, 14, et rue Bonaparte, 20

1888

CE CATALOGUE SE DISTRIBUE

A PARIS CHEZ

Mᵉ ESCRIBE	MM. HARO Frères
COMMISSAIRE-PRISEUR	PEINTRES-EXPERTS
rue de Hanovre 6,	rue Visconti, 14, et rue Bonaparte, 20

CONDITIONS DE LA VENTE

Elle sera faite au comptant.

Les acquéreurs payeront *cinq pour cent* en plus du prix d'adjudication.

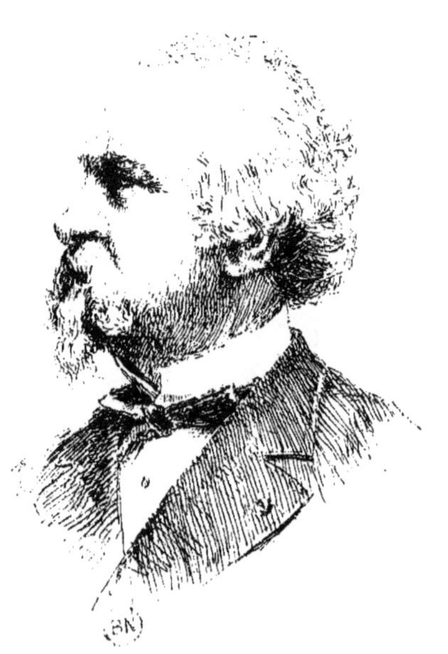

Après tant de toiles de Giuseppe Palizzi, achetées par l'État et par des amateurs, français et étrangers, toiles éparpillées aujourd'hui dans les musées et galeries, il en restait encore bon nombre dans l'atelier, veuf désormais de la présence de son artiste. Une main pieuse vient de recueillir tout ce qu'il s'y trouvait d'œuvres achevées ou non : esquisses, études, dessins, aquarelles, tableaux de tout genre et de toutes dimensions, et l'on va mettre en vente cette belle collection.

Prise dans son ensemble, elle a cela de particulier que la longue et féconde carrière de ce peintre généralement regretté s'y résume tout entière. Quelques-unes de ces œuvres, les premières en date, trahissent, en effet, l'inexpérience des débuts, les tâtonnements de celui qui cherche encore sa voie; mais malgré ces tâtonnements, malgré cette inexpérience, l'individualité de l'artiste s'y révèle et lui promet à courte échéance le succès.

Bientôt le regard du jeune peintre devient plus sûr, la main plus ferme, et plus éclairée son intelligence ; il a trouvé son chemin, il y marche d'un pas rapide et résolu, il vise au but, il l'atteindra. Les œuvres où son talent s'épanouit dans tout son éclat et dans toute sa maturité, sont par bonheur autrement nombreuses. On ne saurait les soumettre à un triage; ce serait malaisé ; on regretterait trop les éliminations. Viennent, enfin, les œuvres des dernières années. On est étonné de ne pas y constater les inévitables défaillances dont se ressentent les œuvres séniles. C'est que l'artiste, grâce à une vie austère, laborieuse surtout, — et l'on sait quel rude protecteur est le travail, — avait gardé, en dépit de l'âge, toute la verdeur de la jeunesse et de la virilité, toute la verve de ce talent primesautier que l'étude n'avait cessé de perfectionner.

On se souvient, pour ne citer qu'un seul des tableaux de Giuseppe Palizzi, de celui qu'il intitula tout simplement « la Forêt » *et qui fut le succès du Salon; on comprit quelle puissance de talent il avait fallu à l'artiste pour embrasser un si vaste sujet et l'étreindre d'un pinceau si ferme. « Chacun de ces hêtres et de ces bouleaux, écri-*

rait un critique d'art des plus autorisés, semble un portrait végétal, tant l'artiste a serré sa forme, accentué ses feuilles, précisé le jet et le mouvement de ses branches..... Après avoir été frappé par la belle grandeur et l'ensemble, on admire le rendu savant et vigoureux de toutes ses parties (1). »

Giuseppe Palizzi justifiait bien le surnom de « Sylvain de Fontainebleau » qu'on se plaît à lui donner. La forêt était son domaine, son amour ; elle fut la passion de toute sa vie. Il l'aimait comme on aime sa mère ; son bonheur était de contempler ses majestueuses beautés, de fouiller ses profondeurs mystérieuses, de l'admirer sous tous ses aspects, à toute heure, en toute saison. Pour y rester plus longuement, il s'était construit en plein dessous de bois une hutte plafonnée de branches, toiturée de mousse, digne de servir d'antre à un faune ou d'atelier à un Berghem ; là, il vivait en intimité constante avec la nature, l'esprit toujours frais, les yeux toujours pleins de ses impressions et de ses spectacles. « Les modèles, l'arbre et la bête, posent en liberté devant lui ; il les saisit sur le vif de leurs mouvements, de leurs allures, sous tous les jours et dans toutes les teintes dont la lumière et le clair obscur les colorent. De là cet aspect de franchise, cette vérité, cette bonhomie

(1) Paul de Saint-Victor, *le Salon*.

rehaussée d'esprit qui nous charment dans sa manière incessamment rajeunie. »

Et cette vérité apparaît dans toutes ses toiles de paysage : clairières, sous-bois, lisières de forêt, etc. C'est la symphonie des verts *qui s'y harmonisent admirablement. L'air circule entre les arbres si serrés qu'ils soient; la feuillée y frissonne au vent; l'eau vous met la fraîcheur aux lèvres; les divers plans s'échelonnent; le ciel est tantôt d'un azur de saphir, tantôt il se zèbre de nuages, tantôt enfin il s'empourpre des flammes du couchant. Tout cela est touffu, lumineux, profond; c'est* vrai *surtout.*

On a dit de Giuseppe Palizzi qu'il était un Napolitain naturalisé Parisien. Rien de plus exact. Il ne pouvait oublier son ciel si bleu, ses collines verdoyantes, l'atmosphère limpide de son beau pays, cette nature ensoleillée. Aussi vit-on ses toiles s'éclairer presque toujours d'un rayon de soleil de l'Italie. Ce fut même comme le cachet qu'il donna à ses œuvres, et qui les faisait reconnaître non pas seulement des initiés, mais encore des simples amateurs.

D'un autre côté, et je ne suis pas le premier à le constater, il nous appartenait et par le choix des sujets et par la grâce familière du style, la verve et l'agrément du détail, la science voilée de facilité, toutes ces charmantes qualités fran-

çaises qui semblent chez lui un don de race plutôt qu'une culture acquise.

Ce qu'on a pu encore remarquer, c'est que cette grâce, cette verve, cette facilité se révélaient dans ses tableaux d'animaux, « riants comme des églogues, vrais et naïfs comme la nature même ». Il ne se bornait pas à peindre les moutons, les vaches, les chèvres, etc., il savait grouper le troupeau, le composer, le mettre en action et en scène, le faire passer par toutes les colorations de l'heure, variant toujours ses bergeries, rajeunissant sans cesse son sujet. Coloriste, il l'était au plus haut degré. Et comme la vérité se dégageait, saine et franche, de son modèle, vivant ou immobile, continuellement consulté!

Tout à la fois paysagiste, animalier, *peintre de* genre, — *sans parler de la peinture décorative dont on verra d'excellents spécimens à la vente,— Palizzi toucha à toutes les branches de l'art, et dans chacune il sut garder sa brillante personnalité.*

A. DE LAUZIÈRES-THÉMINES.

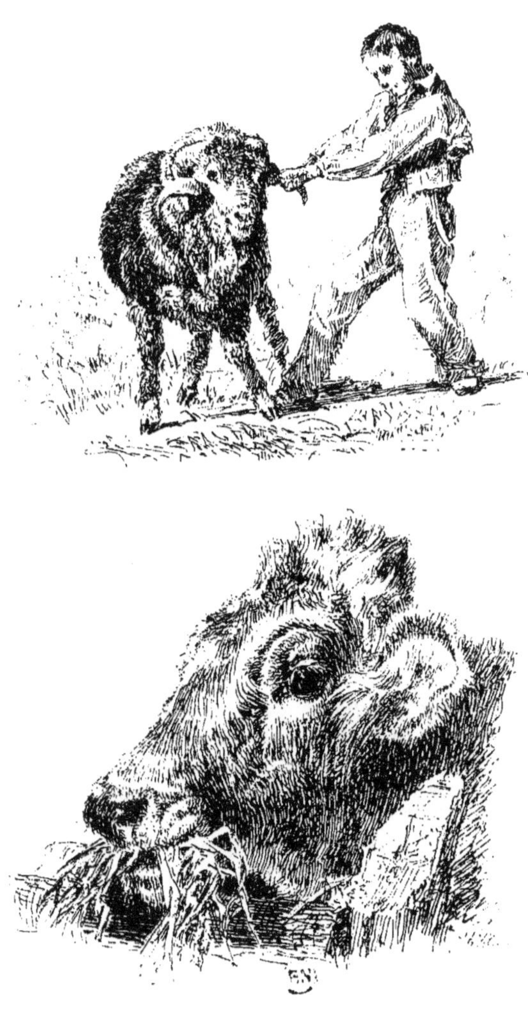

TABLEAUX

PEINTS PAR

GIUSEPPE PALIZZI

---

1 — La Bénédiction des champs interrompue.

Des piqueurs suivis de leurs chiens traversent la procession, la troublent et occasionnent du désordre.

T. — H., 1,04. L., 1,60.

2 — Intérieur d'étable.

Une paysanne suivie d'un chien de berger vient traire une vache blanche.

T. — H., 1,04. L., 1,60.

3 — Sangliers dans la mare verte; forêt de Fontainebleau.

A figuré au Salon de 1886 sous le n° 1789.

T. — H., 0,63. L., 1,00.

4 — Bûcherons dans les Ventes-à-la-Reine; forêt de Fontainebleau.

A figuré au Salon de 1886 sous le n° 1790.

T. — H., 0,64. L., 0,98.

5 — Le Lancer d'un relais de chiens.

A figuré au Salon de 1887 sous le n° 1826.

T. — H., 0,64. L., 0,80.

6 — Pommiers en fleur.

Au milieu de pommiers fleuris, des moutons gardés par une bergère.

T. — H., 0,63. L., 0,85.

7 — Buffles.

Vue prise aux environs de Salerne.

T. — H., 0,47. L., 0,70.

8 — La Halte du troupeau.

T. — H., 0,53. L., 0,88.

9 — Jeune Taureau.

T. — H., 0,71. L., 0,48.

10 — Moutons à la lisière d'un bois.

T. — H., 0,55. L., 0,39.

11 — Chevaux au pâturage.

Vue prise aux environs de Salerne.

T. — H., 0,77. L., 1,05.

12 — Les Chevriers.

Montés sur des ânes, ils conduisent leurs troupeaux.

T. — H., 0,68. L., 1,04.

13 — La Partie fine.

T. — H., 0,68. L., 1,03.

14 — Cerf et Biche dans la forêt ; effet d'automne.

T. — H., 0,89. L., 1,16.

15 — Le Bûcheron ; intérieur de forêt.

T. — H., 0,89. L., 1,16

16 — Moutons au pâturage sur les Apennins.

T. — H., 0,77. L., 1,05.

17 — Les Charbonnières.

T. — H., 0,64. L., 1,02.

18 — La Rentrée du troupeau ; effet de soleil couchant.

T. — H., 60,4. L., 1,02.

19 — Troupeau de vaches dans la forêt.

T. — H., 0,64. L., 1,03.

20 — Piqueurs et chiens à la piste.

T. — H., 0,80. L., 1,00.

21 — La Vendange.

T. — H., 0,70. L., 1,00.

22 — Les Bûcheronnes ; intérieur de forêt ; effet d'automne.

T. — H., 1,00. L., 0,79.

23 — Les Bohémiens dans la forêt.

T. — H., 0,98. L., 0,80.

24 — La Carriole; intérieur de forêt.

T. — H., 0,95. L., 0,68.

25 — Dames de Sorrente se rendant aux bains de mer.

T. — H., 0,77. L., 0,92.

26 — Vaches au pâturage.

T. — H., 0,55. L., 0,90.

27 — Pâturage.

T. — H., 0,55. L., 0,90.

28 — La Rentrée à l'étable.

T. — H., 0,65. L., 0,90.

29 — Le Marché aux fleurs; vue prise en Belgique.

T. — H., 0,65. L., 0,80.

30 — Le Déjeuner sur l'herbe.

T. — H., 0,82. L., 0,65.

31 — Petite Bergère et son troupeau.

T. — H., 0,65. L., 0,81.

32 — Sur la falaise.

T. — H., 0,65. L., 0,82.

33 — La Sortie de l'étable.

T. — H., 0,55. L., 0,80.

34 — Anes sellés à l'entrée d'une forêt.

T. — H , 0,50. L., 0,75.

35 — L'Enclos.

T. — H., 0,53. L., 0,74.

36 — Nature morte.

T. — H., 0,53. L., 0,74

37 — Moutons de Rambouillet à l'étable.

T. — H., 0,60. L., 0,74.

38 — Intérieur de forêt.

T. — H., 0,74. L., 0,60.

39 — Intérieur de forêt; effet d'hiver.

T. — H., 0,74. L., 0,60.

40 — La Forêt, par un temps d'hiver.

T. — H., 0,74. L., 0,60.

41 — La Lisière du bois.

T. — H., 0,74. L., 0,53.

42 — Le Chevrier et son troupeau.

T. — H., 0,73. L., 0,54.

43 — Sentier dans la forêt; effet d'automne.

T. — H., 0,55. L., 0,74.

44 — Le Petit Pâtre dans la forêt.

T. — H., 0,47. L., 0,71.

45 — Le Bœuf ramené à l'étable.

T. — H., 0,47. L., 0,71.

46 — Les Deux Vieux.

T. — H., 0,73. L., 0,50.

47 — La Rentrée à l'étable.

T. — H., 0,55. L., 0,70.

48 — Chevaux de trait harnachés.

T. — H., 0,54. L., 0,65.

49 — Dans les marais de Pestum.

T. — H., 0,42. L., 0,65.

50 — La Forêt; effet d'automne.

T. — H., 0,55. L., 0,65.

51 — Une Panique.

Des paysannes sont effrayées par le coup de fusil d'un chasseur.

T. — H., 0,65. L., 0,46.

52 — Trois têtes de brebis.

T. — H., 0,46. L., 0,65.

53 — Jeune Cheval au pâturage.

T. — H., 0,55. L., 0,65.

54 — Les Petits Bûcherons dans la forêt.

T. — H., 0,39. L., 0,63.

55 — Chasseurs sous bois; effet d'automne.

T. — H., 0,42. L., 0,61.

56 — La Mare.

T. — H., 0,60. L., 0,50.

57 — Vaches au pâturage.

T. — H., 0,35. L., 0,60.

58 — La Plaine; paysage avec animaux.

T. — H., 0,34. L., 0,59.

59 — Le Coup de l'étrier.

T. — H., 0,38. L., 0,52.

60 — Moutons au pâturage; effet d'été.

T. — H., 0,38. L., 0,58.

61 — Veau et Moutons.

T. — H., 0,38. L., 0,55.

62 — Berger et son troupeau.

T. — H., 0,45. L., 0,55.

63 — Le Petit Chevrier.

T. — H., 0,56. L., 0,35.

64 — La Mare; forêt de Fontainebleau.

T. — H., 0,34. L., 0,55.

65 — Ane et chèvres dans la forêt.

T. — H., 0,38. L., 0,48.

66 — Les Oies.

T. — H., 0,35. L., 0,50

67 — Vache.

T. — H. 0,38. L., 0,50.

68 — Sous bois.

T. — H., 0,38. L., 0,50.

69 — Le Mouton.

T. — H., 0,36. L., 0,50.

70 — Jeune Pâtre conduisant un mouton à la tonte.

T. — H., 0,36. L., 0,50.

71 — Moutons au pâturage ; bel effet de soleil.

T. — H., 0,36. L., 0,50.

72 — Oiseaux; effet de neige.

T. — H., 0,35. L., 0,45

73 — Le Cheval.

T. — H., 0,37. L., 0,46.

74 — Moutons à l'étable.

T. — H., 0,33. L., 0,40.

75 — Chèvres.

T. — H., 0,33. L., 0,40.

76 — Le Chasseur; route sous bois.

B — H., 0,32. L., 0,24.

77 — Le Berger.

T. — H., 0,73. L., 0,60.

78 — Gibier; nature morte.

T. — H., 0,63. L., 1,02.

79 — Gibier; nature morte.

Pendant du précédent.

T — H., 0,63. L., 1,02.

80 — Les Faisans.

Par un temps de neige.

T. — H., 1,00. L., 0,82.

81 — La Cabane.

T. — H., 0,32. L., 0,46

82 — La Mare.

T. — H., 0,56. L., 0,75.

83 — Le Jeu de la Morra.

T. — H., 0,75. L., 0,60.

84 — Moutons à l'étable.

T. — H., 0,60. L., 0,70.

85 — Les Deux Amis.

T. — H., 0,49. L., 0,65.

86 — Le Petit Griffon.

T. H., 0,65. L., 0,53.

87 — Paysan napolitain se désaltérant à une source.

T. — H., L.,

88 — Intérieur de ferme.

T. — H., 0,35. L., 0,59.

89 — Le Chevrier.

T. — H., 0,55; L., 0,46.

90 — Le Petit Gardeur d'oies.

T. — H., 0,38. L., 0,55.

91 — Le Mouton tondu.

T. — H., 0,45. L., 0,55.

92 — L'Enclos.

T. — H., 0,38. L., 0,55.

93 — **Sous bois : Chèvres près d'une mare.**

T. — H., 0,36. L., 0,55.

94 — **Les Buffles dans les marais.**

Vue prise près de Salerne.

T. — H., 0,38. L., 0,55.

95 — **La Mare.**

T. — H., 0,38. L., 0,55.

96 — **Chèvres au pâturage.**

Environs de Naples.

T. — H., 0,34. L., 0,49.

97 — **Moutons au pâturage.**

T. — H., 0,38. L., 0,50.

98 — **La Route du village.**

T. — H., 0,32. L., 0,48.

99 — **La Gardeuse de dindons.**

T. — H., 0,46. L., 0,38.

100 — Le Berger.

T. — H., 0,45. L., 0,38.

101 — Les Petites Italiennes.

T. — H., 0,46. L., 0,32.

102 — Sous bois.

T. — H., 0,45. L., 0,32.

103 — La Route.

T. — H., 0,42. L., 0,32.

104 — Vache à l'étable.

T. — H., 0,32. L., 0,40.

105 — Chevreuils en forêt.

T. — H., 0,32. L., 0,40.

106 — Cheval harnaché.

T. — H., 0,32. L., 0,40.

107 — Le Petit Bûcheron.

B. — H., 0,16. L., 0,22.

108 — L'Écurie.

T. — H., 0,27. L., 0,30.

109 — Le Petit Berger ramenant son troupeau de la montagne.

T. — H., 2,38. L., 1,50.

La Petite Chevrière conduisant son troupeau à la montagne.

T. — H., 2,38. L., 1,36.

Les Chiens.

T. — H., 2,38. L., 1,32.

La Basse-cour.

T. — H., 2,38. L., 1,33.

Ces quatre grands tableaux forment un bel ensemble décoratif.

Peinture à la colle.

109 *bis* Deux paysages; dessus de porte.

Ces deux tableaux peuvent compléter la décoration précédente.

T. — H., 0,95. L., 1,66.

110 — Sous ce numéro, les tableaux non catalogués.

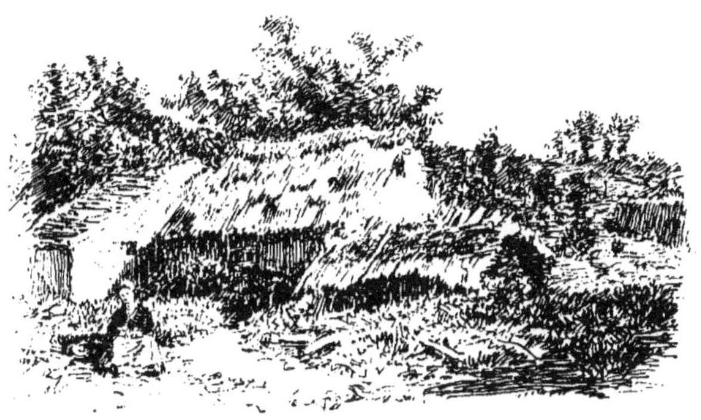

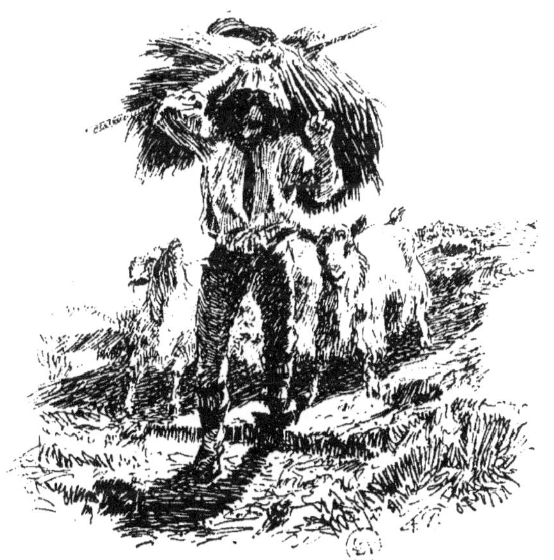

TABLEAUX

NON TERMINÉS

ÉTUDES ET ESQUISSES

111 — Chasseurs.

112 — Lièvres; nature morte.

113 — Vaches s'abreuvant dans une mare.

114 — Les Confidences.

115 — Le Pâturage.

116 — La Jardinière.

117 — Les Anes dans la prairie.

118 — Les Prés : Vaches au pâturage.

119 — Intérieur d'étable.

120 — Moutons au pâturage.

121 — Chèvres.

122 — Vache à l'abreuvoir.

123 — Anes à l'abreuvoir.

124 — Arbre mort; forêt de Fontainebleau.

125 — Le Chène (Très belle étude).

126 — Étude d'arbres.

127 — Sous bois : les Bouleaux.

128 — Paysanne.

129 — Vue prise à Amalfi (Italie).

130 — Cheval blanc.

131 — Le Berger.

132 — Le Bouledogue.

133 — La Vache blanche.

134 — Tête de chèvre.

135 — Pommier en fleur.

136 — La Cascade.

137 — Lièvre.

138 — Vache.

139 — Une Ferme.

140 — Vache.

141 — La Vache et son petit veau.

142 — Berger trayant une chèvre.

143 — Vache.

144 — Le Berger.

145 — Le Cheval.

146 — Bergère et ses moutons.

147 — Le Bûcheron.

148 — Chien de berger.

149 — Cheval harnaché dans un enclos.

150 — Vache mangeant une gerbe d'herbe.

151 — Allégorie (esquisse).

152 — Les Musiciens; intérieur (esquisse).

153 — Les Brigands (esquisse).

---

154 — Sous ce numéro les études ou esquisses non cataloguées.

AQUARELLES, DESSINS

155 — Vue prise à Ischia après le tremblement de terre.

156 — Vue prise à Amalfi.

157 — La Montée à Ravello.

158 — L'Éruption du Vésuve de 1872.

159 — Vue prise à Capri.

160 — Dans la forêt de Fontainebleau.

161 — La Clairière; Fontainebleau.

162 — Les Saules.

163 — Le Pacage.

164 — La Route du village.

165 — La Montée à Amalfi.

166 — Vaches au pâturage.

167 — La Cascade, près Vichy.

168 — Sur la plage, près Dieppe.

169 — Bergère et son troupeau.

170 — Le Pâturage.

171 — La Maison du Tasse, à Sorrente.

172 — La Descente du troupeau.

173 — Intérieur d'église.

174 — Vue prise à Sorrente.

175 — Étude de chiens.

176 — Combat d'un chien et d'un loup.

177 — Le Berger et son troupeau.

178 — L'Abreuvoir.

179 — Le Moulin.

180 — L'Entrée du village.

181 — Vue prise dans la forêt de Fontainebleau.

182 — La Halte dans la forêt; effet d'automne.

183 — Cheval à l'écurie.

184 — Chien et loup.

185 — Allégorie.

186 — Le Mauvais Temps.

187 — Le Petit Berger.

188 — Les Cabanes.

189 — Dans la ferme.

190 — Le Petit Bûcheron.

191 — Sous un même cadre, deux aquarelles :

L'Entrée au château ; époque Louis XVI.

Esquisse pour éventail.

La Petite Chevrière.

192 — Les Voyageurs dans la tourmente.

Dessin à l'encre de Chine.

193 — Sous un même cadre, deux dessins à la plume : une Caravane et Vaches au pâturage.

194 — Étude de buffles.

Deux dessins à la sépia.

195 — Sous un même cadre, cinq dessins à la plume et à la sépia (études diverses).

196 — Sous un même cadre, deux dessins :

Le Battage du beurre,

Dessin à la plume.

Vaches au pâturage.

Aquarelle.

197 — Sous un même cadre, deux dessins à la plume : études de Bergers et Moutons.

198 — Sous ce numéro, les aquarelles et dessins non catalogués.

TABLEAUX

PAR

FRANÇOIS-PAUL PALIZZI

199 — Martin-Pêcheur.

T. — H., 0,19. L., 0,27.

200 — Le Poulailler.

T. — H., 0,32. L., 0,24.

201 — Les Forgerons.

T. — H., 0,54. L., 0,73.

202 — Le Menuisier; intérieur.

T. — H., 0,43. L., 0,60.

203 — Nature morte : Fleurs, Cigares et accessoires.

T. — H., 0,55. L., 0,45.

204 — La Leçon.

T. — H., 0,19. L., 0,38.

205 — La Cuisinière.

T. — H., 0,38. L., 0,45.

206 — Prunes et abricots; nature morte.

T. — H., 0,38. L., 0,50.

207 — Panier de fraises.

T. — H., 0,33. L., 0,50.

208 — Poissons.

T. — H., 0,32. L., 0,45.

209 — Fraises et biscuits.

T. — H., 0,32. L., 0,40.

TABLEAUX & DESSINS

PAR

PHILIPPE PALIZZI

240 — **Vache au pâturage.**

T. — H., 0,31. L., 0,50.

241 — **Ane et chèvres.**

T. — H., 0,31. L., 0,45.

242 — **Le Pâturage.**

B. — H., 0,27. L., 0,13.

243 — **Halte dans les Abruzzes.**

Dessin à la plume.

244 — **Le Troupeau.**

Dessin à la plume.

215 — La Petite Bergère.

Dessin à la plume.

216 — Troupeau à l'abreuvoir.

A la mine de plomb.

217 — Jument au pâturage.

A la plume.

218 — Le Chevrier ramenant son troupeau.

Dessin à la mine de plomb.

219 — Sous un même cadre, deux dessins à l'encre de Chine : le Petit Chevrier et le Passage du ruisseau.

220 — Sous un même cadre deux dessins à la plume : Troupeaux de chevaux.

221 — Les Chèvres.

Dessin à la plume, rehaussé de blanc.

222 — Le Chien.

Dessin à la plume, rehaussé de blanc.

223 — Le Conducteur de buffles.

Dessin rehaussé de blanc.

224 — Les Foins.

Dessin à la plume, rehaussé de blanc.

TABLEAUX

ANCIENS ET MODERNES

PAR

DIFFÉRENTS MAITRES

AVERCAMP

225 — Farce villageoise.

Composition gaie et animée comme celles du vieux Breughel. Forme ronde.

B. — Diamètre. 0,20.

BRONZINO (Attribué à)

226 — Portrait de jeune seigneur.

Cadre en écaille.

B. — H., 0,13. L., 0,12.

4

BRONZINO (D'après)

227 — Portrait de femme.

B. — H., 0,60. L., 0,45.

HALS (Franz) (D'après)

228 — La Femme à la chouette.

T. — H., 0,20. L., 0,20.

CHAMPAGNE (Philippe de) (Attribué à)

229 — Portrait de jeune seigneur.

Signé en bas à droite du monogramme PDC *pinxit*.

T. — H., 0,63. L., 0,52.

CUYP (Albert) (Attribué à)

230 — Portrait de jeune fille.

Signé à droite et daté.

Bois parqueté. — H., 0,71. L., 0,46.

FRAGONARD (Honoré) (Attribué à)

231 — Sujet allégorique (Esquisse).

T. — H., 0,32. L., 0,40.

HONTHORST (Gérard) (Attribué à)

232 — Tête de vieillard.

T. — H., 0,57. L., 0,44.

KONINCK (Philippe de)

233 — Paysage.

B. — H., 0,21. L., 0,32.

MULREADY

234 — Son portrait.

P. — H., 0,12. L., 0,09.

MOOR (Carle de)

235 — Portrait de dame hollandaise.

Elle est représentée debout, vue à mi-corps, vêtue d'une robe noire à collerette et manches blanches; elle tient sous son bras la traîne de sa robe et dans sa main un éventail.

B. — H., 0,37. L., 0,29.

OSTADE (Isaac Van)
(Attribué à)

236 — Le Buveur.

B. — H., 0,23. L., 0,19.

PALAMÈDES (Attribué à)

237 — Jeune Femme; époque Louis XIII.

Cuivre ovale. — H., 0,11. L., 0,08 1/2.

PARIS

238 — Le Calvaire.

Dessin rehaussé de blanc.

POELENBURG (École de)

239 — Nymphes et satyres.

T. — H., 0,36. L., 0,45.

CHABRILLAC

240 — La Partie de cartes.

Signé à gauche et daté.

B. — H., 0,19. L., 0,22

ÉCOLE FRANÇAISE

241 — Le Prisonnier (Esquisse).

B. — H., 0,20. L., 0,15.

ÉCOLE HOLLANDAISE

242 — Portrait d'enfant.

C. — H., 0,13. L., 0,12.

Cadre en écaille.

243 — Jeune seigneur; époque Louis XIII.

Cuivre ovale. — H., 0,12. L., 0,10.

Cadre écaille.

244 — Portrait d'homme.

C. — H., 0,07 1/2. L., 0,06.

245 — Le Violoniste.

T. — H., 0,46. L., 0,36.

ÉCOLE ITALIENNE

246 — Sainte Famille.

B. — H., 0,24. L., 0,19.

247 — Portrait de dame de qualité.

B. — H., 0,60. L., 0,44.

ÉCOLE ITALIENNE

248 — Portrait d'homme.

B. — H., 0,20. L., 0,15.

---

249 — Sous ce numéro, tableaux de différents maîtres non catalogués.

AQUARELLES, DESSINS

GRAVURES ET MINIATURES

PAR

DIFFÉRENTS MAITRES

BARRIAS

250 — **La Poésie.**

Dessin à la sanguine.

FRANCESCO (Benjamin de)

251 — **Les Nénuphars.**

Aquarelle.

252 — **La Mare.**

Dessin à la plume.

GELÉ (Claude) *dit* LE LORRAIN

253 — Les Brigands.

Gravure à l'eau-forte.

GIGANTE

254 — Vue de Pompéi.

Aquarelle.
Cadre écaillé.

255 — Le Port de Naples.

Aquarelle.
Cadre écaillé.

LESORT

256 — Une Mère et sa fille.

Aquarelle.

---

257 — Sous ce numéro, les aquarelles, dessins et gravures non catalogués.

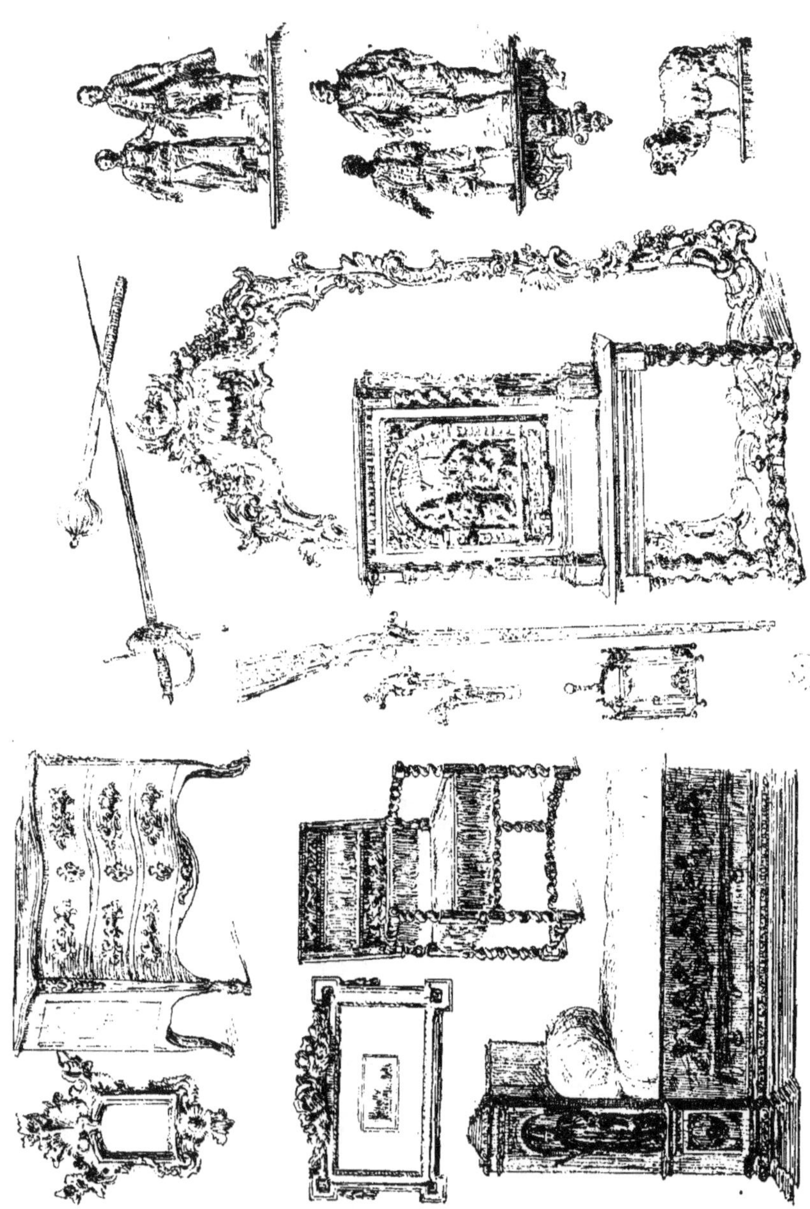

OBJETS D'ART

ET MEUBLES D'ATELIER

258 — Divers objets de vitrine.

259 — Armes diverses.

260 — Douze statuettes napolitaines (XVIIIe siècle).

Ces statuettes habillées représentent des types populaires, des paysans, des nègres, des Orientaux, etc., etc.

Ces statuettes, œuvres très remarquables par la physionomie, le caractère et les habillements, servaient surtout aux fêtes de Noël où leur mission était d'entourer la crèche du petit Jésus ; aussi chaque personnage avait son rôle comme berger, paysan ou roi mage. De véritables artistes, des sculpteurs de talents n'ont pas cru déroger en copiant avec fidélité les types populaires ; parmi les figurines qui sont au Catalogue, plusieurs sont dues au célèbre sculpteur napolitain San-Martino.

261 — Meubles anciens en bois sculpté, dont un très beau lit.

262 — Glaces avec cadres en bois sculpté, et cadres en bois sculpté.

263 — Faïences, Porcelaines, Lustre vénitien, etc., etc.

264 — Objets non catalogués.

13942. — Imprimeries réunies, A, rue Mignon, 2, Paris.

www.ingramcontent.com/pod-product-compliance
Lightning Source LLC
LaVergne TN
LVHW010000230826
846092LV00002B/578

9782329505947